Addition & Subtraction

2nd Grade Math Series

Speedy Publishing LLC
40 E. Main St. #1156
Newark, DE 19711
www.speedypublishing.com

ADDING TWO 2-DIGIT NUMBERS MENTALLY (NO CARRY)

1. 13 + 44 = ______

4. 65 + 0 = ______

2. 55 + 34 = ______

5. 32 + 12 = ______

3. 30 + 63 = ______

6. 45 + 12 = ______

7. 33 + 20 = ______

8. 25 + 64 = ______

9. 75 + 22 = ______

10. 35 + 53 = ______

11. 14 + 55 = ______

12. 39 + 40 = ______

13. 43 + 43 = ______

14. 28 + 71 = ______

15. 63 + 16 = ______

16. 11 + 24 = ______

17. 50 + 33 = ______

18. 44 + 54 = ______

19. 13 + 81 = ______

20. 34 + 14 = ______

21. 23 + 73 = ______

22. 22 + 22 = ______

23. 41 + 32 = ______

24. 25 + 63 = ______

25. 11 + 60 = ______

26. 16 + 63 = ______

27. 63 + 33 = ______

28. 41 + 26 = ______

29. 13 + 74 = ______

30. 32 + 34 = ______

31. 36 + 20 = ______

32. 34 + 5 = ______

33. 35 + 41 = ______

34. 6 + 61 = ______

35. 6 + 41 = ______

36. 44 + 21 = ______

37. 41 + 42 = ______

38. 34 + 1 = ______

39. 31 + 56 = ______

40. 47 + 32 = ______

41. 44 + 54 = ______

42. 26 + 31 = ______

43. 33 + 12 = ______

44. 30 + 22 = ______

45. 11 + 51 = ______

46. 60 + 32 = ______

47. $48 + 41 =$ ______

48. $20 + 23 =$ ______

49. $51 + 43 =$ ______

50. $15 + 14 =$ ______

51. $30 + 54 =$ ______

52. $12 + 35 =$ ______

53. $16 + 62 =$ ______

54. $40 + 59 =$ ______

55. 44 + 53 = ______

56. 24 + 35 = ______

57. 14 + 61 = ______

58. 22 + 47 = ______

59. 31 + 56 = ______

60. 40 + 8 = ______

61. 31 + 55 = ______

62. 26 + 53 = ______

MISSING ADDENDS

1. ___ + 1 = 17

2. 48 + ______ = 49

3. ___ + 11 = 16

4. 20 + ______ = 26

5. 0 + ______ = 76

6. ___ + 14 = 17

7. ______ + 0 = 27

8. 53 + ______ = 56

9. 64 + ______ = 66

10. ______ + 1 = 94

11. ______ + 1 = 27

12. 14 + ___ = 15

13. 0 + ______ = 24

14. 4 + ___ = 18

15. ______ + 60 = 65

16. 30 + ______ = 35

17. 15 + ___ = 17

18. ______ + 6 = 39

19. ______ + 1 = 92

20. ______ + 5 = 55

21. 25 + ______ = 25

22. ______ + 34 = 39

23. ______ + 23 = 26

27. ______ + 5 = 29

24. 5 + ______ = 89

28. 4 + ______ = 29

25. 43 + ______ = 45

29. ______ + 1 = 38

26. 14 + ___ = 15

30. 56 + ______ = 57

31. 22 + ______ = 29

32. 35 + ______ = 36

33. ______ + 22 = 24

34. ___ + 13 = 18

35. ___ + 16 = 18

36. 27 + ______ = 29

37. ______ + 1 = 43

38. ______ + 5 = 46

39. 2 + ______ = 23

40. 96 + ______ = 96

41. ______ + 3 = 38

42. 3 + ___ = 16

43. ______ + 80 = 89

44. 26 + ______ = 29

45. ______ + 91 = 92

46. ______ + 3 = 39

47. 53 + ______ = 56

48. ______ + 23 = 24

49. 33 + ______ = 35

50. ______ + 4 = 27

51. ______ + 6 = 27

52. 2 + ______ = 56

53. ______ + 35 = 36

54. 0 + ______ = 44

55. 13 + ___ = 13

59. 50 + ______ = 52

56. 1 + ___ = 18

60. ___ + 3 = 16

57. 5 + ______ = 99

61. ______ + 3 = 29

58. ___ + 5 = 17

62. ______ + 3 = 37

SUBTRACTING A SINGLE DIGIT FROM A TWO-DIGIT NUMBER

1. 14 – 0 = ______

4. 24 – 2 = ______

2. 46 – 5 = ______

5. 31 – 0 = ______

3. 19 – 6 = ______

6. 73 – 11 = ______

7. 95 − 13 = ______

8. 96 − 3 = ______

9. 89 − 9 = ______

10. 50 − 0 = ______

11. 87 − 4 = ______

12. 58 − 8 = ______

13. 85 − 0 = ______

14. 93 − 10 = ______

15. 37 – 2 = ______

16. 13 – 2 = ______

17. 84 – 3 = ______

18. 99 – 1 = ______

19. 77 – 1 = ______

20. 57 – 5 = ______

21. 76 – 2 = ______

22. 15 – 11 = ______

23. 97 − 7 = ______

24. 77 − 15 = ______

25. 44 − 4 = ______

26. 94 − 0 = ______

27. 18 − 0 = ______

28. 79 − 7 = ______

29. 56 − 4 = ______

30. 37 − 1 = ______

31. 19 – 6 = ______

32. 37 – 7 = ______

33. 73 – 1 = ______

34. 17 – 7 = ______

35. 18 – 6 = ______

36. 61 – 0 = ______

37. 94 – 4 = ______

38. 74 – 3 = ______

39. 96 – 3 = ______

40. 73 – 11 = ______

41. 36 – 5 = ______

42. 19 – 5 = ______

43. 45 – 11 = ______

44. 32 – 0 = ______

45. 18 – 5 = ______

46. 62 – 11 = ______

47. 24 − 2 = ______

48. 84 − 4 = ______

49. 24 − 10 = ______

50. 38 − 5 = ______

51. 56 − 6 = ______

52. 39 − 6 = ______

53. 76 − 0 = ______

54. 96 − 4 = ______

55. 74 − 1 = ______

56. 64 − 11 = ______

57. 25 − 1 = ______

58. 88 − 0 = ______

59. 59 − 6 = ______

60. 33 − 12 = ______

61. 73 − 0 = ______

62. 44 − 11 = ______

SCORE SUMMARY

ADDITION ________

MISSING ADDENDS ________

SUBTRACTION ________

ANSWERS

1. 57
2. 89
3. 93
4. 65
5. 44
6. 57
7. 53
8. 89
9. 97
10. 88
11. 69
12. 79
13. 86
14. 99
15. 79
16. 35
17. 83
18. 98
19. 94
20. 48
21. 96
22. 44
23. 73
24. 88
25. 71
26. 79
27. 96
28. 67
29. 87
30. 66
31. 56
32. 39
33. 76
34. 67
35. 47
36. 65
37. 83
38. 35
39. 87
40. 79

41. 98

42. 57

43. 45

44. 52

45. 62

46. 92

47. 89

48. 43

49. 94

50. 29

51. 84

52. 47

53. 78

54. 99

55. 97

56. 59

57. 75

58. 69

59. 87

60. 48

61. 86

62. 79

1. 16

2. 1

3. 5

4. 6

5. 76

6. 3

7. 27

8. 3

9. 2

10. 93

11. 26

12. 1

13. 24

14. 14

15. 5

16. 5

17. 2

18. 33

19. 91

20.

21. 0

22. 5

23. 3

24. 84

25. 2

26. 1

27. 24

28. 25

29. 37

30. 1

31. 7

32. 1

33. 2

34. 5

35. 2

36. 2

37. 42

38. 41

39. 21

40.

41. 35

42. 13

43. 9

44. 3

45. 1

46. 36

47. 3

48. 1

49. 2

50. 23

51. 21

52. 54

53. 1

54. 44

55. 0

56. 17

57. 94

58. 12

59. 2

60. 13

61. 26

62. 34

1. 14

2. 41

3. 13

4. 22

5. 31

6. 62

7. 82

8. 93

9. 80

10. 50

11. 83

12. 50

13. 85

14. 83

15. 35

16. 11

17. 81

18. 98

19. 76

20. 52

21. 74

22. 4

23. 90

24. 62

25. 40

26. 94

27. 18

28. 72

29. 52

30. 36

31. 13

32. 30

33. 72

34. 10

35. 12

36. 61

37. 90

38. 71

39. 93

40. 62

41. 31

42. 14

43. 34

44. 32

45. 13

46. 51

47. 22

48. 80

49. 14

50. 33

51. 50

52. 33

53. 76

54. 92

55. 73

56. 53

57. 24

58. 88

59. 53

60. 21

61. 73

62. 33

www.ingramcontent.com/pod-product-compliance
Lightning Source LLC
LaVergne TN
LVHW060832170826
845678LV00010B/1967

* 9 7 9 8 8 6 9 4 5 0 7 6 0 *